O Gato de Botas
Puss in Boots

Charles Perrault

Bilingual Portuguese - English Fairy Tale
by Svetlana Bagdasaryan

Era uma vez um moleiro que, ao morrer, deixou como herança para os seus três filhos todos os seus bens, que consistiam em um moinho, um burro e um gato. A divisão foi logo feita. Não foram chamados para fazê-la notários ou advogados, que acabariam fazendo desaparecer em pouco tempo o pequeno patrimônio. O filho mais velho ficou com o moinho, o segundo ficou com o burro e o pobre do caçula teve de se contentar com o gato, naturalmente muito aborrecido por ter de se contentar com um quinhão tão pequeno.

- Os meus irmãos – disse ele – vão poder ganhar a vida honestamente, trabalhando em conjunto. Eu, porém, depois de comer meu gato e fazer um chinelo com a sua pele, vou ter de morrer de fome.

O gato que ouvira a lamúria do dono, embora sem parecer que estivesse ouvindo, disse-lhe, com ar muito sério, muito compenetrado:

- Não te preocupes, meu dono. Nada mais precisarás fazer do que me dar um saco e um par de botas, e verás que não foste prejudicado na partilha.

* * *

There was a miller who left no more estate to the three sons he had than his mill, his ass, and his cat. The partition was soon made. Neither scrivener nor attorney was sent for. They would soon have eaten up all the poor patrimony. The eldest had the mill, the second the ass, and the youngest nothing but the cat. The poor young fellow was quite comfortless at having so poor a lot.

"My brothers," said he, "may get their living handsomely enough by joining their stocks together; but for my part, when I have eaten up my cat, and made me a muff of his skin, I must die of hunger."

The Cat, who heard all this, but made as if he did not, said to him,

"Do not thus afflict yourself, my good master. You have nothing else to do but to give me a bag and get a pair of boots made for me that I may scamper through the dirt and the brambles, and you shall see that you have not so bad a portion in me as you imagine."

Embora sem acreditar muito nessa promessa, o jovem herdeiro não a rejeitou de todo, lembrando-se de como aquele gato era esperto em suas manobras para pegar ratos, ora se pendurando com o corpo muito reto, ora estendendo no chão, fingindo-se de morto. Resolveu experimentar.

Logo que recebeu o que pedira, o Gato calçou as botas, pôs o saco nas costas e foi para uma clareira do bosque onde sempre havia muitos coelhos.

Lá chegando, deitou-se, fingindo que estava morto e havendo antes deixado o saco aberto ao seu lado, tendo dentro muito farelo e algumas cenouras. E lá ficou esperando que algum coelhinho mais inocente, pouco familiarizado com as maldades do mundo, se sentisse atraído pelas iguarias e entrasse dentro do saco.

* * *

The Cat's master did not build very much upon what he said. He had often seen him play a great many cunning tricks to catch rats and mice, as when he used to hang by the heels, or hide himself in the meal, and make as if he were dead; so that he did not altogether despair of his affording him some help in his miserable condition.

When the Cat had what he asked for he booted himself very gallantly, and putting his bag about his neck, he held the strings of it in his two forepaws and went into a warren where was great abundance of rabbits.

He put bran and sow-thistle into his bag, and stretching out at length, as if he had been dead, he waited for some young rabbits, not yet acquainted with the deceits of the world, to come and rummage his bag for what he had put into it. Scarce was he lain down but he had what he wanted. A rash and foolish young rabbit jumped into his bag.

E, de fato, não demorou muito que um coelhinho bem gordinho caísse na armadilha, e mais do que depressa o Gato fechou o saco, pegou o coelho, matou-o sem dó nem piedade.

Muito orgulhoso com o seu feito, Mestre gato foi ao palácio do Rei e pediu uma audiência. Conduzido aos aposentos reais, fez uma profunda reverencia ao Rei.

- Majestade – disse – aqui está um coelho selvagem que meu senhor, o Marquês de Carabás (um nome que ele inventou na hora) me ordenou que oferecesse, respeitosamente, como homenagem, a Vossa Majestade.

- Dize ao teu senhor que agradeço e que fiquei muito satisfeito com o presente – disse o rei.

* * *

Monsieur Puss, immediately drawing close the strings, took and killed him without pity. Proud of his prey, he went with it to the palace and asked to speak with his majesty. He was shown upstairs into the King's apartment, and, making a low reverence, said to him:

"I have brought you, sir, a rabbit of the warren, which my noble lord the Marquis of Carabas" (for that was the title which puss was pleased to give his master) "has commanded me to present to your majesty from him."

"Tell your master," said the king, "that I thank him and that he does me a great deal of pleasure."

No dia seguinte, o gato escondeu-se em um trigal, onde, usando o mesmo truque da véspera, e convidou o portador a beber à sua saúde.

Nos dois ou três meses seguintes, o Gato continuou a levar ao rei, como presentes, peças de caça supostamente abatidas pelo suposto Marquês de Carabás. E, certo dia, sabendo que o Rei ia passear na margem do rio, em companhia da filha, a princesa mais bela do mundo, o Gato disse ao seu dono:

- Se seguires o meu conselho, a fortuna estará feita. Vai tomar banho no rio, no ponto que eu indicar, e deixa o resto por minha conta.

* * *

Another time he went and hid himself among some standing corn, holding still his bag open, and when a brace of partridges ran into it he drew the strings and so caught them both. He went and made a present of these to the king, as he had done before of the rabbit which he took in the warren. The king, in like manner, received the partridges with great pleasure, and ordered him some money for drink.

The Cat continued for two or three months thus to carry his Majesty, from time to time, game of his master's taking. One day in particular, when he knew for certain that he was to take the air along the river-side, with his daughter, the most beautiful princess in the world, he said to his master:

"If you will follow my advice your fortune is made. You have nothing else to do but go and wash yourself in the river, in that part I shall show you, and leave the rest to me."

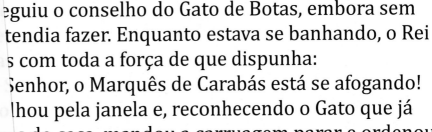
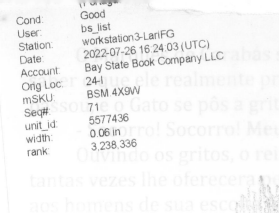

...abás seguiu o conselho do Gato de Botas, embora sem ...tendia fazer. Enquanto estava se banhando, o Rei ...s com toda a força de que dispunha:

...Senhor, o Marquês de Carabás está se afogando! ...lhou pela janela e, reconhecendo o Gato que já ...s de caça, mandou a carruagem parar e ordenou ...fossem imediatamente socorrer o Marquês de ...iravam do rio o pobre Marquês, o Gato aproxi- ...ao Rei que, enquanto o Marquês de Carabás se ...uns ladrões que furtaram as suas roupas, e ...(Na verdade, o próprio Gato de Botas escondera ...umas pedras).

...ndou um de seus homens ao palácio, a fim de buscar as melhores roupas para o Senhor Marquês de Carabás.

* * *

The Marquis of Carabas did what the Cat advised him to, without knowing why or wherefore. While he was washing the King passed by, and the Cat began to cry out:

"Help! help! My Lord Marquis of Carabas is going to be drowned."

At this noise the King put his head out of the coach-window, and, finding it was the Cat who had so often brought him such good game, he commanded his guards to run immediately to the assistance of his Lordship the Marquis of Carabas. While they were drawing the poor Marquis out of the river, the Cat came up to the coach and told the King that, while his master was washing, there came by some rogues, who went off with his clothes, though he had cried out: "Thieves! thieves!" several times, as loud as he could.

This cunning Cat had hidden them under a great stone. The King immediately commanded the officers of his wardrobe to run and fetch one of his best suits for the Lord Marquis of Carabas.

E quando o Marquês se apresentou, metido nos ricos trajes que haviam sido trazidos, e, sendo ele próprio, um jovem robusto e bonito, estava realmente muito mais parecido com um nobre do que com um simples filho de moleiro. Causou ótima impressão ao Rei, e principalmente, à filha do Rei. E, na verdade, bastou o jovem Marquês dirigir-lhe uns dois ou três olhares muito respeitosos, mas também bastante ternos, para que a princesa ficasse loucamente apaixonada por ele. O Rei fez questão que ele entrasse no coche e os acompanhasse no passeio. O gato de Botas, satisfeitíssimo, vendo que os seus planos estavam sendo coroados de pleno êxito, saiu correndo, a toda velocidade, na frente do coche e, vendo mais adiante, um grupo de camponeses ceifando um trigal, gritou-lhes:

- Se não disserdes ao Rei que todas estas terras pertencem ao Marquês de Carabás, sereis todos despedaçados, transformados em carne picadinha!

* * *

The King caressed him after a very extraordinary manner, and as the fine clothes he had given him extremely set off his good mien (for he was well made and very handsome in his person), the King's daughter took a secret inclination to him, and the Marquis of Carabas had no sooner cast two or three respectful and somewhat tender glances but she fell in love with him to distraction. The King had him come into the coach and take part of the airing. The Cat, quite overjoyed to see his project begin to succeed, marched on before, and, meeting with some countrymen, who were mowing a meadow, he said to them:

"Good people, you who are mowing, if you do not tell the King that the meadow you mow belongs to my Lord Marquis of Carabas, you shall be chopped as small as herbs for the pot."

Ao passar por ali, o Rei não deixou de perguntar aos ceifeiros que era o dono daquelas terras.

- Pertencem ao Senhor Marquês de Carabás! – responderam todos, em uníssono, pois o Gato de Botas os amedrontara.

E assim foi o Gato sempre correndo à frente do coche, e sempre obrigando os ceifeiros que encontrava a dizer ao Rei que a terra pertencia ao Merques de Carabás. O Rei ficou admiradíssimo diante da grande riqueza do Marquês de Carabás.

* * *

The King did not fail asking of the mowers to whom the meadow they were mowing belonged.

"To my Lord Marquis of Carabas," answered they altogether, for the Cat's threats had made them terribly afraid.

The Master Cat, who went always before, made all the people he met say the same words, "This is the home of my Lord Marquis de Carabas , this mill of my Lord Marquis de Carabas , a garden of my Lord Marquis de Carabas ..." and the King was astonished at the vast estates of my Lord Marquis of Carabas.

Sempre bem antes do coche, o Gato de Botas afinal chegou a um castelo cujo proprietário era um poderoso feiticeiro, o feiticeiro mais rico que já existira, pois todas as terras que o Rei atravessara antes lhe pertenciam. O Gato teve o cuidado de indagar quem era o feiticeiro e qual eram os seus poderes. Depois, pediu permissão para vê-lo, e, sendo admitido, disse-lhe que não poderia, tendo passado à frente de seu castelo, de apresentar-lhe os seus respeitos.

O feiticeiro o recebeu civilmente.

* * *

Monsieur Puss came at last to a stately castle, the master of which was an ogre, the richest had ever been known; for all the lands which the King had then gone over belonged to this castle. The Cat, who had taken care to inform himself who this ogre was and what he could do, asked to speak with him, saying he could not pass so near his castle without having the honor of paying his respects to him.

The ogre received him as civilly as an ogre could do, and made him sit down.

- Informaram-me – disse o Gato – que sois capaz de vos transformar em qualquer espécie de animal, como, por exemplo, um leão ou um elefante.

- E sou mesmo! – replicou o feiticeiro, cheio de vaidade. – Quer ver?

E virou um leão, passando um susto tremendo no Gato que fugiu e escondeu-se num armário, embora as botas o atrapalhassem muito, e só saiu de lá quando o leão tornou a virar o feiticeiro.

- Realmente, é admirável – elogiou o Gato, ainda trêmulo. – Mas me disseram também que sois capaz de vos transformar em um bicho pequeno, como um camundongo, por exemplo. Nisso, para falar a verdade, não acreditei.

* * *

"I have been assured," said the Cat, "that you have the gift of being able to change yourself into all sorts of creatures you have a mind to; you can, for example, transform yourself into a lion, or elephant, and the like."

"That is true," answered the ogre very briskly; "and to convince you, you shall see me now become a lion."

Puss was so sadly terrified at the sight of a lion so near him that he immediately got into the gutter, not without abundance of trouble and danger, because of his boots, which were of no use at all to him in walking upon the tiles. A little while after, when Puss saw that the ogre had resumed his natural form, he came down, and owned he had been very much frightened.

"I have been, moreover, informed," said the Cat, "but I know not how to believe it, that you have also the power to take on you the shape of the smallest animals; for example, to change yourself into a rat or a mouse; but I must own to you I take this to be impossible."

- Pois vais ver se não é verdade! – exclamou o feiticeiro, ferido em sua vaidade.

E virou um camundongo que o Gato tratou de devorar imediatamente. Logo depois, o Rei, chegando diante do imponente castelo do feiticeiro, quis visitá-lo.

O gato, ouvindo o barulho do coche, correu a receber o Rei.

- Seja Vossa Majestade bem-vindo ao Castelo do meu senhor Marquês de Carabás! – disse, fazendo uma reverência.

- O quê, Senhor Marquês! – exclamou o Rei. – Este magnífico castelo também lhe pertence? É esplêndido! Deixa-me ver o seu interior.

* * *

"Impossible!" cried the ogre; "you shall see that presently. "

And at the same time he changed himself into a mouse, and began to run about the floor. Puss no sooner perceived this but he fell upon him and ate him up.

Meanwhile the King, who saw, as he passed, this fine castle of the ogre's, had a mind to go into it.

Puss, who heard the noise of his Majesty's coach running over the draw-bridge, ran out, and said to the King:

"Your Majesty is welcome to this castle of my Lord Marquis of Carabas."

"What! my Lord Marquis," cried the King, "and does this castle also belong to you? There can be nothing finer than this court and all the stately buildings which surround it; let us go into it, if you please."

O Marquês ajudou a Princesa a descer da carruagem e acompanhou o Rei que subiu a esplêndida escadaria e chegou ao salão, onde estava sendo servido um magnífico banquete que o feiticeiro iria oferecer a alguns amigos, os quais, vendo que o Rei se encontrava dentro do castelo, desistiram de entrar.

O Rei ficou entusiasmadíssimo com a magnificência do Castelo e a riqueza do Marquês, e percebendo que o Marquês estava apaixonado pela Princesa e a Princesa por ele, não hesitou em dizer-lhe, durante o banquete, depois de já ter bebido uns cinco ou seis copos bem cheios:

- Depende inteiramente de vós, Senhor Marquês de Carabás, tornar-vos, ou não, meu genro.

Nem é preciso dizer que o Marquês aceitou, com a devida reverência, e elevada honra que lhe oferecia o soberano. E o casamento logo se realizou.

O gato de Botas tornou-se um ilustre fidalgo e nunca mais caçou camundongos, a não ser de vez em quando, para se distrair um pouco.

* * *

The Marquis gave his hand to the Princess, and followed the King, who went first. They passed into a spacious hall, where they found a magnificent collation, which the ogre had prepared for his friends, who were that very day to visit him, but dared not to enter, knowing the King was there. His Majesty was perfectly charmed with the good qualities of my Lord Marquis of Carabas, as was his daughter, who had fallen violently in love with him, and, seeing the vast estate he possessed, said to him, after having drunk five or six glasses:

"It will be owing to yourself only, my Lord Marquis, if you are not my son-in-law."

The Marquis, making several low bows, accepted the honor which his Majesty conferred upon him, and forthwith, that very same day, married the Princess.

Puss became a great lord, and never ran after mice any more but only for his diversion.